सीता नहीं मैं

सीता नहीं मैं

आभा बोधिसत्व

वाणी प्रकाशन

वाणी प्रकाशन

4695, 21-ए, दरियागंज, नयी दिल्ली 110 002

फ़ोन : +91 11 23273167 फ़ैक्स : +91 11 23275710

शाखाएँ

अशोक राजपथ, पटना 800 004, बिहार

कॉफ़ी हाउस कैम्पस, महात्मा गांधी मार्ग, इलाहाबाद 211 001, उत्तर प्रदेश

महात्मा गांधी अन्तरराष्ट्रीय हिन्दी विश्वविद्यालय, वर्धा 442 001, महाराष्ट्र

www.vaniprakashan.in
marketing@vaniprakashan.in
sales@vaniprakashan.in

SITA NAHIN MEIN
by Abha Bodhisatva

ISBN : 978-93-88684-64-4
Poetry

प्रथम संस्करण 2019

मूल्य : ₹ 295

सिटी प्रेस, दिल्ली-110 095 में मुद्रित

वाणी प्रकाशन का लोगो मक़बूल फ़िदा हुसेन की कूची से

अपनी दोनों माँओं के लिए
पहली श्रीमती गिरिजा त्रिवेदी
जिन्होंने इस संसार को देखने का सुख दिया
और दूसरी श्रीमती राम सँवारी मिश्रा
जिन्होंने बड़े ही प्यार और फटकार के साथ
इस दुनिया की तमाम चुनौतियों के लिए
मुझे तैयार किया।

भूमिका

आभा बोधिसत्व विगत लगभग तीन दशकों से कविता की दुनिया में निरन्तर चुपचाप सक्रिय हैं। बेशक़ उनका यह पहला संकलन देर से आ रहा है, लेकिन पत्र–पत्रिकाओं में छपी उनकी कविताएँ अपनी एक सर्वथा अलग पहचान के साथ कविता के सुधी पाठकों का ध्यान अपनी ओर काफ़ी पहले से खींचती रही हैं।

आभा की कविताएँ प्रथमदृष्टया कोई चौंक–चमत्कार नहीं पैदा करतीं। सहज अभिव्यक्ति इन कविताओं का प्राण है। आभा बेहद जतन और सरोकार के साथ, लेकिन साथ ही सहज प्रवाह के साथ स्त्री–जीवन के राग–विराग की, रोज़मर्रा के जीवन के उबाऊ, एकरस दमघोंटू परिवेश में जीवन–सौन्दर्य के संधान की, प्यार और विद्रोह की, सहज भावाभिव्यक्तियों की कविताएँ लिख रही हैं। जैसा कि वह स्वयं अपनी एक कविता 'करना लिखना कविता' में लिखती हैं, कविता लिखना उनके लिए पण्डिताई जैसा कोई कर्मकाण्ड नहीं बल्कि, उतना ही मानवीय नैसर्गिकता भरा काम है जैसे दैनन्दिन जीवन–व्यवहार, या जैसे उत्पादन कर्म। यही वह काव्य–दृष्टि है जो आभा की कविताई को चमकते बिम्बों की जादुई तराश और बारीक रेशमी कतान से दूर रखती है। सहज आत्मीय संवादपरकता उनकी कविताओं की विशिष्टता और शक्ति है।

एक स्त्री कवि के रूप में आभा के विद्रोही स्वर में पश्चिम से आयातित 'बुर्जुआ फेमिनिज़्मा' या 'आइडेण्टिटी पॉलिटिक्स' के प्रभाव से पैदा हुई कृत्रिम उग्रता या वाचालता हमें कहीं भी देखने को नहीं मिलती। स्त्री–मुक्ति के उनके विद्रोही स्वर में एक क़िस्म की खाँटी देशजता है। उनकी स्त्री विषयक कविताओं के विचार–तन्तुओं के योजक–सूत्र इतिहास, मिथक और परम्पराओं के साथ द्वन्द्वात्मक ढंग से आलोचनात्मक रिश्ता बनाते हैं। उनकी एक कविता ('यशोदा की बेटी')

बेटे की रक्षा के लिए हत्यारे कंस को सौंप दी गयी यशोदा की विस्मृत बेटी को समकालीन अर्थ–परिप्रेक्ष्य देती है, तो दूसरी कविता ('सीता नहीं मैं') में सीता राम के हर सुख–दुख को बाँटने के लिए तैयार है, लेकिन साथ–साथ चलने की जगह पति के पदचिन्हों से राह बनाना और धरती में समाना उसे स्वीकार्य नहीं।

स्त्री–जीवन की त्रासदियों और विद्रोह के आख्यान रचती कविताओं की तरह ही आभा की प्रेम और साहचर्य विषयक कविताओं में भी मुहावरे और कहन शैली की विशिष्ट देशजता है, जो सहज प्रेम की इन कविताओं में आत्मीयता का आकर्षण पैदा करती है। यहाँ स्त्री बराबरी पर, बाजू में अपनी स्वतन्त्र पहचान के साथ खड़ी होकर अपने प्यार को स्वर देती है, ऐसा प्यार जो आयु की प्रौढ़ता के साथ सीझता–पकता है पर बासी या पुराना नहीं पड़ता। यह युद्ध जैसे जीवन में सच्चे प्रेमी से सहयोद्धा बनने की माँग करता है। ('यहाँ', पृ. 11–12)

आभा बोधिसत्व राजनीतिक–सामाजिक रूप से एक जागरुक स्त्री कवि हैं। बहुतेरी स्त्री कवियों की तरह प्यार और पुरुष–वर्चस्व के विरुद्ध विद्रोह के सीमान्तों में वह क़ैद नहीं रहती। स्त्री के प्यार और विद्रोह के साथ ही हमारे समय और समाज की गहन दुश्चिन्ताएँ उनके कविता संसार में उपस्थित रहती हैं और समकालीन राजनीतिक–सामाजिक परिदृश्य पर उनकी कई कविताएँ तीखे स्वर में टिप्पणी करती है।

निःसन्देह, आभा आज की स्त्री कवियों के बीच अपना एक विशिष्ट स्थान बना रही हैं। अपनी कविता की विशिष्ट पहचान वह किसी की प्रभाव छाया में नहीं, बल्कि अपने ढंग से बना रही हैं।

अनुक्रम

कितनी पुरानी साध है यह

कितनी पुरानी है यह मेरी इच्छा
मैं तुम्हें काजल बनाना चाहती हूँ

रोज़–रोज़ थोड़ा आँज कर
थोड़ा कजरौटे में बचाये रखना चाहती हूँ...

तुम धूल की तरह धरती पर पड़े हो...
धूल...

पैरों में ही अच्छी लगती है
आँखों में नहीं जानती हूँ, यह ठीक से...
फिर भी...
मैं तुम्हें जलाकर
काजल बनाना चाहती हूँ...

दीये की लौ से
कपूर की लपट से काजल बनाना बताया सिखाया था माँ ने
सभी बना लेते हैं काजल...उस तरह...

आज खड़ी हूँ मैं एक लपट के सामने...

मेरे मन पर छाये हो तुम...मुझ पर आविष्ट हो तुम
मैं तुम्हें एक बार नहीं हर दिन हर रात

हर साँस हर पल अपनी पलकों में
रखना चाहती हूँ...

चाहती हूँ रोने के बाद भी तुम बहो नहीं...
रहो...
एक काली पतली सी रेख...चमकती हुई...
तुम रहो मेरी आँखो में
मेरी छोटी–छोटी असुन्दर आँखों में तुम रहो
मेरी धुँधली मटमैली आँखों में रहो...
ऐसी ही है जैसे रहती हैं मेरी पुरातन इच्छाएँ।
अजर अमर इच्छा।

यहाँ

(1)
यहाँ नदी किनारे मेरा घर है
घर की परछाईं बनती है नदी में

रोज़ जाती हूँ सुबह शाम भोर–साँझ
नहाने गंगा में गंगा नहाने
गंगा से माँगती हूँ मनौती
एक बार देख पाऊँ तुम्हें फिर
एक बार छू पाऊँ तुम्हें फिर

एक बार पूछ पाऊँ तुमसे
कि कभी मेरी सुधि आती है

गंगा कब सुनेंगी मेरी बातें
कब पूरी होगी मेरी कामना
ऐसी कुछ कठिन माँग तो नहीं है यह सब

यदि कठिन है तो माँगती हूँ कुछ आसान
कि किसी जनम हम तुम
एक ही खेत में दूब बन कर उगें
तुम्हारी भी कोई इच्छा हो अधूरी
तो मैं गंगा से माँग लूँ
मनौती
गंगा मेरी सुनती हैं

(2)

कहाँ हो
मैं ढूँढ़ रही हूँ तुम्हें बाहर,
भीतर तन–मन में
यहाँ चन्द्र ग्रहण है, मैं आकुल–
व्याकुल दिन काट रही हूँ
यहाँ जीवन एक युद्ध की तरह है एक युद्ध है जीवन
जिसे मैं लड़ रही हूँ रोज़ रोज़
और तुम हाथ बाँध खड़े हो
करो न कुछ वैसा जैसा करते हैं सच्चे प्रेमी...

सम्बन्ध

चलो हम दीया बन जाते हैं
और तुम बाती...

हमें सात फेरों या कि कुबूल है से
क्या लेना–देना

हमें तो बनाये रखनी है
अपनी रौशनी अपने दीया बाती के रिश्ते को
सम्बन्ध को...मसलन रोशनी

हम थोड़ा–थोड़ा जलेंगे
हम खो जाएँगे काँपेंगे हवा में
मिट जायेगी फिर रोशनी भी हमारी
पर हम थोड़ी चमक देकर ही जाएँगे

न ज़्यादा न सही
कोई भूला भटका
खोज पायेगा एक रास्ता
कम से कम एक नेम प्लेट
या कोई पढ़ पायेगा एक ख़त
हमारी मद्धिम रौशनी चमक में

तो क्या हम दीया बन जाएँ?
तुम मंजूर करते हो बाती बनना?

मंजूर करते हो मेरे साथ चलना
कुछ दूर तक? कुछ देर के लिए
बोलो मंजूर है मेरे साथ जलना?
मेरे साथ जगर–मगर की यात्रा में चलना...

...कुछ पल।

वफ़ाई

बेशर्मी भी वफ़ा है

प्रेम में पड़ कर
जो किया तुमने
उसके बदले क्या करूँ?
खोल दूँ अपनी पीठ
और खुजा दो अपनी
एक दिनी दाढ़ी से
मेरी पीठ बस

प्रेम की आख़िरी शर्त भी
ख़त्म हो जाये इसी बहाने
करते हो मंजूर
बिना रुके...

मेरे लिए

तुम एक तार की तरह नहीं
बल्कि हार की तरह हो
मेरे लिए।

तुम एक तेज़ बयार की तरह नहीं
बल्कि श्रृंगार की तरह हो
मेरे लिए।

तुम एक टूटे भाड़ की तरह नहीं
बल्कि पहाड़ की तरह हो
मेरे लिए।

तुम हो तुम हो तुम हो...
तुम एक फटे बाँस की तरह नहीं
बल्कि सुर और साज की तरह हो
मेरे लिए।
हर हाल में, तुम हो जीवन...
तुमसे बना उजाला
शब्द नहीं
बल्कि अशब्द हो तुम,
मेरे लिए।

वहीं रुकी हूँ तुम कहाँ हो

तुम कहाँ जहाँ हो
मैं वहीं रुकी हूँ

रास्ता एक पत्ते की तरह मेरे आगे खुला है
एक हरा धूल खाया पत्ता।

उसी के एक मोड़ पर
धूल की तरह पड़ी हूँ

कहाँ हो
मेरे धूल?
मेरे रास्ते की धूल
मेरे जीवन की धूल।

तुम्हारे लिए रुकी हूँ
वहीं जहाँ चाँद उगकर
सो चुका है
जहाँ दिन अपना अर्थ खो चुका है।

अब दिन के मायने पता नहीं मुझे
बस एक गाँठ है जिसे
खोलने के लिए
और तुमसे कुछ एक शब्द बोलने के लिए
वहीं रुकी हूँ
तुम कहाँ हो!

पतवार सँभालो मेरी

आओ
कहो मुझे
आओ
गहो मुझे
मैं तुम्हारे साथ हूँ
मैं तुम्हारे पास हूँ
ऐसा ही कुछ...
बस रहो—कहो मुझे...
यह प्रेम के प्रतिकार की भाषा है...
दरअसल
तुम मेरे सरबस यानी
प्रेमी...अब
पतवार सँभालो मेरी...
रूठने मनाने के क़िस्से तो होंगे
अभी तो प्रेम की भाषा और प्रेम बस
प्रेम
ऐसा ही कुछ कहना है तो कहो मुझसे
और गहो मुझे।

एक साथी

एक साथी ज़रूरी है
बिल्कुल ज़रूरी है
सेवा प्यार का मौसम मनाने के लिए...
बुख़ार नापने के लिए
दवा–पानी के लिए...
पीठ खुजाने के लिए

बन्द करने के लिए लाइट
चादर उढ़ाने के लिए...
माथा छू कर प्रेम जताने के लिए
न प्रेम करने के लिए
न झगड़ा करने के लिए...बस
सेवा प्यार का मौसम मनाने के लिए...
एक साथी ज़रूरी है...
बिल्कुल जरूरी है...

सुनती हूँ यह सब कुछ डरी हुई

मैं बाँझ नहीं हूँ
नहीं हूँ कुलटा
कबीर की कुलबोरनी नहीं हूँ।

न केशव की कमला हूँ
न ब्रह्मा की ब्रह्माणी
न मन्दिर की मूरत हूँ।

नहीं हूँ कमीनी, बदचलन छिनाल और रण्डी
न पगली हूँ, न बावरी
न घर की छिपकली मरी हुई
फिर भी
मैं सुनती हूँ यह सब कुछ डरी हुई।

नींद में सुनती हूँ गालियाँ दुत्कार
मुझे दुत्कारता यह
कौन है...कौन है...कौन है...???
जो देता है सुनायी
पर नहीं पड़ता दिखायी
हर तरफ़ छाया बस
मौन है मौन है मौन है...

यशोदा की बेटी

(1)

मैं यशोदा की वह बेटी
जिसे न नन्द बाबा ने बचाया न वसुदेव ने
दोनों पिता थे और दोनों ने मिल कर मारा मुझे
यह तो अच्छी बात नहीं

सोती रही यशोदा माता
उसे तो यह भी नहीं पता था
उसने जना था बेटी या बेटा।

बेटे की रक्षा के लिए मारी गयी बेटी
बेटा जुग–जुग जिये
बेटा राज करे
कह–कह कर मारी गयी बेटी

कंस मामा ने तो बाद में मारा
उसके पहले हत्या की मेरी
मेरे पिता ने कंस मामा के हाथों सौंप कर
कंस मामा ने तो पत्थर पर पटका था केवल।

बेटी हूँ जान कर
गिड़गिड़ाई माँ देवकी
मरी मैं

बचा तुम्हारा बेटा
जगत उद्धारक।

मैं मरी और मरती रही तब से अब तक
तब मरी कृष्ण के लिए
अब मरती हूँ किसी
मोहन, मुन्ना, दीपक के लिए
इन्हीं कुल दीपकों के लिए
बुझती रही मैं बार–बार
ताकि कुल रहे बढ़े उजियार
जीएँ–जागें गाती रही मैं
तब भी
मरती रही मैं...

क्योंकि मैं बेटी थी तुम्हारी...
मुझे तो मरना ही था
तुम न मारते पिता तो कोई दुर्योधन मारता मुझे
सभा के बीच साड़ी खींच
मुझे तो मरना ही था।

(2)
मुझे ठिकाना मिला तो विन्ध्य की पहाड़ी में।
मथुरा, गोकुल, द्वारका सब से
दूर रही मैं
पर सोचती हूँ
क्या नन्द बाबा मुझे
वसुदेव के हाथों ऐसे विदा कर रोए न होंगे भीतर ही भीतर
क्या नन्द बाबा ने सोचा न होगा यह
कि विदा करूँगा बेटी को कन्यादान देकर
किसी राजकुमार के संग

माँ यशोदा कितना कलथी होगी
यह जान कर कि
अपनी जनी को देख न पायी
बचा न पायी
और मैं यशोदा की बेटी केवल मरती आयी।
सूरदास ने गायी तेरे बेटे की लीला
पर मेरी सुधि उन्हें न आई
देवी बना कर किया प्रणाम और मुक्त हो गये

मैं बची या न बची
यशोदा की ही बेटी कहाऊँगी
पिता तुम मारो या दुलारो
मैं फिर–फिर आऊँगी
मैं फिर–फिर आऊँगी

सीता नहीं मैं

तुम्हारे साथ वन–वन भटकूँगी
कन्द मूल खाऊँगी
सहूँगी वर्षा आतप सुख–दुख
तुम्हारी कहाऊँगी
पर सीता नहीं मैं
अब मैं धरती नहीं समाऊँगी।

तुम्हारे सब दुख–सुख बाँटूँगी
अपना बटाऊँगी
चलूँगी तेरे साथ–साथ
पर तेरे पदचिह्नों से राह नहीं बनाऊँगी

भटकूँगी तो क्या हुआ
अपनी राह ख़ुद पाऊँगी
मैं सीता नहीं
मैं धरती में नहीं समाऊँगी।

हाँ, सीता नहीं मैं
मैं धरती में नहीं समाऊँगी
तुम्हारे हर ना को ना नहीं कहूँगी
न तुम्हारी हर हाँ में हाँ मिलाऊँगी
मैं सीता नहीं हूँ
मैं धरती में नहीं समाऊँगी।
मैं जन्मी नहीं भूमि से

जन्मी हूँ मैं भी तुम्हारी ही तरह माँ की
कोख से
मेरे जनक को मैं यूँ ही नहीं मिल गयी थी कहीं
किसी खेत या वन में
या किसी घड़े में।

बन्द थी मैं भी नौ महीने
माँ ने मुझे जना घर के भीतर
नहीं गूँजी थाली बजने की आवाज़
न सोहर
तो क्या हुआ
मेरी किलकारियाँ गूँजती रहीं
इन सबके ऊपर
मैं कहीं से ऐसे ही नहीं आ गयी धरती पर
नहीं मैं बनायी गयी काट कर पत्थर।

मैं अपने पिता की दुलारी
मैं माँ की धीया
जितना नहीं झुलसी थी मैं
अग्नि परीक्षा की आँच से
उससे ज़्यादा राख हुई और जली हुई हूँ मैं
मेरी अग्नि–परीक्षा की तुम्हारी इच्छा से
मुझे सती सिद्ध करने की तुम्हारी सदिच्छा।

मैं पूछती हूँ तुमसे
नाक क्यों काटी शूर्पणखा की?
वह चाहती ही तो थी तुम्हारा प्यार?
उसे क्यों भेजा लक्ष्मण के पास?
उसका उपहास किया क्यों?
वह भी तो थी एक स्त्री
वह राक्षसी थी तो क्या
उसकी कोई मर्यादा न थी

क्या उसका मान रखने की तुम्हारी कोई मर्यादा न थी?
तुम तो पुरुषोत्तम थे!
नाक काट किसी स्त्री की
तुम रावण से कहाँ कम थे।

तुमने किया एक का अपमान
तो रावण ने किया मेरा
उसने हरण किया बल से मेरा
मैं नहीं गयी थी लंका
हँसते खिलखिलाते
बल्कि मैं गयी थी रोते बिलबिलाते
अपने राघव को पुकारते चिल्लाते
राह में अपने सब गहने गिराते
फिर मुझसे सवाल क्यों
तुम कर न सके मेरी रक्षा
तो मेरी परीक्षा क्यों?

बाँटे मैंने तुम्हारे सब सारे दुख–सुख
पर बाँटा तुमने नहीं मेरा एक दुख!

मेरा दुख तो तुम जान सकते थे पेड़–पौधों से
पशु पंछियों से
अरे, तुम तो अन्तर्यामी थे...
मन की बात समझते थे
फिर क्यों नहीं सुनी
मेरी पुकार।

मुझे धकेला, दुत्कारा पूरी मर्यादा से
मुझे घर से बाहर किया पूरी मर्यादा से
यदि जाती वन में रोते–रोते
तो तुम कैसे मर्यादा पुरुषोत्तम होते?

मेरे कितने प्रश्नों का तुम क्या दोगे उत्तर?
पर हुआ सो हुआ
चुप रही
यही सोच कर
सुनो
अब सीता नहीं मैं
सिर्फ़ तुम्हारी दिखायी दुनिया नहीं है मेरे आगे
अपना सुख–दुख मैं अकेले उठाऊँगी
याद करूँगी हर पल हर दिन तुम्हें
पर धरती में नहीं समाऊँगी।
सीता नहीं मैं
मैं आँसू नहीं बहाऊँगी।
सीता नहीं मैं
धरती में मुँह नहीं छिपाऊँगी
धरती में नहीं समाऊँगी।

बिन घरनी घर भूत का डेरा

हज़ारों ग्रहों में
यह धरती बहुत छोटी–सी है,
हज़ारों घरों में
बहुत छोटा है
तुम्हारा घर।

तुम्हारा छोटा–सा घर था,
ढेर सारे छोटे–छोटे सामानों से भरा।
फिर भी तुम्हारा मन नहीं
लगता था उससे
तुमने अपने मनोरथ के लिए,
लिया मेरा साथ,

क्योंकि
बिना घरनी के तुम्हारा घर था
भूत का डेरा।

मरना कुछ करना बाकी

एक भी पत्ता गिरता है जब–जब
पत्ते के साथ पेड़ मरता है तब–तब

अपने हर टूटते बाल के साथ मरती है स्त्री थोड़ा थोड़ा।

सुगन्ध से बिछड़ते ही मर जाते हैं फूल
हृदय से बिछुड़ कर मर जाती हैं साँस

सुनती हूँ सुना भी है कि पृथ्वी जिस दिन अलग हुई चन्द्रमा से
उसी क्षण मर गयी थी।

कितनी ही ऐसी बातें होती हैं,
जिनके सही या ग़लत होने का फ़ैसला कोई और करता है।
कोई माने न माने
आकाश के आँगन से निकलने के बाद
हर सितारा मरता है।

प्रश्न है जीवित रहने के लिए क्या अपने आँगन में बन्द रहूँ?

शब्द मुझसे दूर होने के बाद मर जायेंगे,
क्या इसलिए चुप रहूँ?
सुनती हूँ, सुना है
चुप रहने से मर जाते हैं सपने।

देश गर्त में है

देश गर्त में गिर रहा है...

उसके पहले घर गिरा गर्त में
फिर गिरा पड़ोस
फिर बारी समाज के गर्त में गिरने की थी
समाज गिरा भी
जितना गिर सकता था...

फिर बारी आयी देश के गर्त में गिरने की...
उसके पहले नेता गिरे गर्त में
और गिरे–गिरे बयान देने लगे
अपना–अपना

हम घर बचाने की जुगत में जुटे अपना–अपना,
पर अब मुश्किल था, घर सहित
देश को बचा पाना
बहुत देर हो चुकी थी।

ऐसे में कुछ भी गर्त में गिरे बिना नहीं रह सकता था...
सो सब को
गिरते देखा–
सब घर के लोगों ने पड़ोस ने
समाज ने फिर देश ने भी।

अब बाकी था तो
मन बहलाव के लिए
देश बचाने का खेल
जनता के लिए,
क्योंकि जनता ख़ुश रहना चाहती थी हर हाल में।

हम खेलने लगे खेल
कि शायद खेल खेल में बन जाये बात।

जैसे खेल खेल कर फुसलाते हैं बच्चों को,
शायद देश भी बहल जाये
गर्त में गिरने से सम्हल जाये

हमने खेला खेल
चिड़िया उड़
पतंग उड़
आतंकवाद उड़
बेईमानी उड़
नेता उड़
झूठ उड़

अगर खेल–खेल में यह सब नहीं हुआ तो
क्या हम खेलेंगे
घर उड़?
देश उड़?

होता सचमुच सब कुछ खेल जैसा
हम जिसे उड़ा पाते
उड़ जाता,
हम जिसे
बचा पाते बच जाता...

यही सोच हम बहुत सारे खेल
खेल रहे हैं–
तब से
अब तक
यह खेल चलेगा न जाने तक तक।

छोड़ो आसन

गद्दी से नाता मत जोड़ो
छोड़ो आसन सिंहासन
महँगाई की माला जपते थक चुके थे लोग
खप चुके थे किसान परिवार सहित
अग्नि की भाषा में गुम—
चिता की राख भी ठण्डी हो चुकी थी,
बेटी की विदाई भी रुक चुकी थी
माँ हस्पताल में बच्चे को छोड़
भाग चुकी थी उकताई पैसे नहीं थे टेंट में!
ग़लती से बहकर भावनाओं में
हो गयी थी गाय की तरह गाभिन
गाभिन त्रस्त...
पैसा भावना नहीं होती न ही इच्छा
दाल रोटी की
महँगाई गहना नहीं होती
ग़रीब देश के ग़रीब लोगों के बीच
कौन कहे इनसे इस समय में
गद्दी से नाता मत जोड़ो छोड़ो

छोड़ो सिंहासन
छोड़ो आसन

हम ही हम तुममें न दम

हम ही सफ़ेद, हम ही लाल
हम ही सोम, हम ही मंगल
बाकी सब दंगल...
बाकी सब जंगल...
हम ही रात हम ही दिन
बाकी सब उछिन्न...
हम ही प्रेम हम ही रीत
बाकी सब कुरीति
हम ही काम हम ही धाम
बाकी सब बेकाम

निराला जी से क्षमा याचना सहित

लोकतन्त्र की शर्वरी
हिंस्र पशुओं भरी
मेरा एक पुराना देशगान–

जय–जय प्यारे देश हमारे
जय–जय हिन्दुस्तान।
आज़ादी की इस मशाल को
छू न सके तूफ़ान।

पूरब से पश्चिम तक
तेरी गौरव गाथा है,
दक्षिण में सागर
उत्तर में सागरमाथा है,
तेरे कण–कण में लिखा है
बापू का बलिदान।

तुझमें सतलज कावेरी
गंगा का पानी है,
तुझमें नानक तुलसी और
मीरा की बानी है,
तेरी मिट्टी की ख़ुशबू में
हैं दादू, रसखान।

तक्षशिला नालन्दा

तेरी पुराकथाएँ हैं,
यहाँ बाइबिल गुरुग्रन्थ
और वेदऋचाएँ हैं,
हम भटकें तो राह दिखाते
हैं गीता–कुरआन...

वर्षों से जागी मैं

मेरी हैं कौन देवी सरस्वती
जब–तब आ जाती हैं बतियाने
कुछ बताने...
अभी देवी सरस्वती से
एक लम्बी बातचीत हुई
सुनती रही मैं चुपचाप
उन्होंने कहा–
निराला के बाद
किसी ने उनकी प्रार्थना नहीं लिखी
और जब से नास्तिक कवि चलन में आये हैं
कोई उन्हें ज्ञान की देवी नहीं मानता
इसीलिए वे सबसे रुष्ट हैं।
देवी ने यह भी कहा कि
लोग ज्ञान उनसे लेते हैं और
ध्यान देवी लक्ष्मी का रखते हैं।
हर कोई अपने नाम के आगे ही
लक्ष्मी का ही पर्याय श्री लिखता है।
देवी बहुत दुखी थी। उनके कपड़े भी
मैले हो गये थे। वीणा के तार भी टूटे–फूटे थे।
जिस पद्म पर वे बैठी थीं वो पुराने पत्थर की तरह
बदरंग हो गया था। मैंने और कुछ पूछना चाहा तो
वे रोने लगीं उन्होंने बताया नदी रूप में तो मुझे

भारत भूमि ने खो ही दिया है लगता है ज्ञान की देवी
के रूप में भी मैं मर ही जाऊँगी।
और वीणा छोड़ कर चली गयी सरस्वती...
मैं तब से बैठी उनकी राह तक
रही हूँ वर्षों से जागी मैं...

बाहर निकलो

जल्दी जल्दी चाय बनाओ
नहीं तो घर से बाहर निकलो।
जल्दी जल्दी खाना लाओ
नहीं तो घर से बाहर निकलो।
जल्दी कपड़े और जूते ले आओ
जाओ जल्दी, जल्दी जाओ...
स्त्री हो, मिट्टी सिर्फ़ मादा बन जाओ
नहीं तो घर से बाहर निकलो।
गाँधी के बन्दर बन जाओ
नहीं तो घर से बाहर निकलो...

पत्थर ही सही...

मैं शब्द बनना चाहती हूँ,
ताकि कह सकूँ... कहानी सही सही...
पर शब्द हैं कि बहुत दूर,
और दूर चले जाते हैं
अब मुझे शब्दों से
क्या लेना देना...
अब मैं आँख बनाना चाहती हूँ,
ताकि देख सकूँ
सब कुछ सही–सही...
पर आँख है कि सब कुछ
देखते ही आँसू बहाने लगती है...
और आने लगते हैं अजीबो–
अजीब सपने इन्हीं आँखों से... और,
और कमज़ोर हो जाती हैं आँखें
अजीबो अजीब ग़रीब सपने देखते देखते...

चश्मे का नम्बर बदलता जाता है वैसे ही
जैसे बदलते जाते हैं सच

अब मुझे आँख नहीं बनाना

मैं, मैं बन जाती हूँ कान ताकि
सुन सकूँ, सब कुछ सही सही
किसी के कहे पर क्या आना...

पर कान है कि सच सुनकर बन्द कर
लेता है ख़ुद को
नहीं नहीं अब और नहीं
जैसे कि बिना कान के
ठीक थे अब तक
फिर मन है कि सोचने से बाज नहीं आता...

चलो अब जो बोलना है
बोल देती हूँ साफ़–साफ़,
मुँह बन कर, जैसे ही बोलने की
बारी आती है,
मुँह पर एक ताला
आकर ख़ुद–ब–ख़ुद लग जाता है,
जैसे मन कह रहा हो रहने दो,
रहने दो, चुप, एकदम चुप
अब इसी में भलाई है...
इसी तरह
मैं–शब्द खोती हूँ,
आँख जाती है,
कान बहरे होना चाहते हैं,
मुँह ताला लगा कर ही
ख़ुश हूँ...
सपने में बड़ बड़ चलती है...
जाने क्या क्या...

सपने और सच में फ़र्क़ है
वैसे ही जैसे ज़मीन और आसमान में,
जब कि दुनिया इन्हीं दोनों से है,
वर्ना न हम होते न हमारी आँखें
न कान न मुँह...
फिर हम सोचते–सोचते बन जाते हैं
देह सिर्फ़ देह...

जो मारे मारे फिरे...
बिना कहे, बिना सहे
जैसे पत्थर...

लोग कहते हैं कि बहुत अति
होने पर पत्थर में भी जान आ जाती है,
जब आयेगी, तब देखी जायेगी...
अभी तो चलो पत्थर बन जाते हैं...

मैं पत्थर बन कर ही ठीक हूँ
कम से कम काम तो आऊँगी किसी के...
किसी के लिए सिलबट्टा
किसी के लिए रास्ता,
किसी के लिए बटखरा
पत्थर ही सच्चा साथी है,
जो डटा रहता है,
मरता नहीं
ख़त्म नहीं होता...
बल्कि इसको चोट पहुँचाने की सोच
खुद चोटिल होना हो सकता है...
इसलिए तय हुआ
कि चलो हम पत्थर बन जाते हैं...

विश्वास

मैंने हर बात उसी की मानी
जिसने मुझे तहस–नहस किया
टूट कर बार–बार लगातार
क्योंकि वह मेरा सरबस नहीं
तो बहुत कुछ तो था ही
बहुत कुछ लिए बहुत कुछ को दाँव पर
लगाना फितरत है हमारी
यही क्रम है जारी
टूट कर बिखरी नहीं हूँ
यह जान कर कि पा लूँगी
जो पाना है जीवन
कहना मान कर भी
अपना जान कर भी
ज़हर पर विश्वास

ख़ुद से बातें

चलो उठो आभा चलो
मन नहीं है फिर भी उठाओ जूठे बर्तन हटाओ यहाँ से
चलो उठो आभा चूल्हा जलाओ
आटा गूँधो, रोटी पकाओ।

कितना सोती हो आभा
तुम्हें तो चिड़ियों से पहले उठना चाहिए,
चलो चलो, उठो उठो,
बर्तन–बासन करो,
रोटी में घी चुपड़ो और रोटियाँ लाओ,
सब्ज़ी में नमक कम है, दाल थोड़ी पतली है
अभी तक इतना भी नहीं सीख पायी हो
ये लक्षण तो ठीक नहीं आभा

चलो–चलो देखो दूध उफन रहा है चूल्हे पर
और तुम यहाँ खिड़की पर क्या ताक–झाँक कर रही हो
ये क्या करती हो आभा
देखो दिन गया
साँझ हुई
क्या रोज़–रोज़ ख़राब तबीयत का बहाना बनाती हो
कभी बुख़ार तो कभी सरदर्द बताती हो
कितने बहाने बनाती हो आभा।

बच्चे का नाख़ून बढ़ गया है देखो!

कपड़े घर में तितर–बितर पड़े हैं
तुम्हें यह भी दिखता नहीं आभा
चलो ठीक करो, उठो,
अब यह सब कर क्या तुम अहसान जताती हो,
अपने बच्चों को विपदा बताती हो
क्यों करती हो ऐसा आभा!

बिजली का बिल भरना है
देखो कहीं तारीख़ न बीत गयी हो
अब भरोगी फाइन...
करो घर के पैसों के वारे–न्यारे ऐसे ही
जाने कितने भूखे पड़े हैं,
जाने कितने
और तुम हद है आभा हद है
क्या करती हो...

बच्चों की फ़ीस भूल गयीं क्या!
क्या–क्या भूलती हो, हद है आभा,
हद है, चलो, चलो उठो।

बहुत तुमार खुमार चढ़ा है न तुम्हें
ये किताबें ये पढ़ाई किस काम की
जब गृहस्थी राख हो रही हो
ऐसे में तुम्हारे ये यहाँ–वहाँ फ़ोन पर बातें करके समय बिताना
किस काम आयेगा
सोचा है कभी
कभी सोचा है ऐसे भी कि कोई नहीं दिखता है यहाँ
फिर किसी से क्यों लिपड़–चिपड़ करना आभा।

ओह आभा बीते वे दिन,
अब, अब क्या, ऐसे ही रहोगी,
भूल गयी मर्यादा, भूल गयी झट घूँघट करना,

वे कौन कौन तो आये हैं जानती हो किसी को, जिस–तिस को,
नहीं न, तो जानो मुँह ढकना,
धीमे बोलना, चुप रहना
क्यों सब के सामने आती हो
क्यों आभा क्यों अपना मुखड़ा दिखाती हो,
इससे कुछ नहीं होता आभा कुछ नहीं

मुँह जोर हो रही हो आभा
यह क्या, यह उचित है, यह भी क्या बात कहने का ढंग है,
प्रेम की हाँ बस प्रेम की भाषा बोलो,
तोलो मत कि कौन क्या बोलता है,
अपनी कहो अपनी रहो सब सहो
चुप रहो कुछ मत कहो

आभा चलो–चलो उठो
क्या कहती हो
क्या सहती हो।
ज़रूरी नहीं,
ज़रूरी है कि
सबकी ख़ुशी में अपनी ख़ुशी देखो आभा
बोलो बोलो आभा क्या कहती हो
पूछो मत ख़ुद से भी
जो कहा गया करो उतना
जियो उतना मरो उतना
हँसो उतना डरो उतना
सुनती हो
बोलो बोलो आभा बोलो।

जज साहब

यह सच है
मैंने कोई जुर्म नहीं किया
पर फिर भी
मैं एक मुजरिम हूँ!
मुझे मुजरिम साबित करने के लिए

न्याय के किसी नाटक की ज़रूरत नहीं
मैं तो हर कारण में निहित हूँ
हर होनी
हर अनहोनी का कारण मैं ही हूँ
मेरा ज़ुर्म तो स्वतःसिद्ध है
मैं एक औरत हूँ!
जननी सारे पापों की!
जननी।

चुप! अदालत जारी है।...

ईश्वर

जाने कौन मेरे किस दुख पर हाथ रख कर
तापता है मुझे अकेले में जी भर कर
हे ईश्वर!

ईश्वर कभी–कभी मर जाता है,
ईश्वर कभी–कभी जी जाता है
हक़ है उसका हम पर
ऐसा करने के लिए
जीने और मरने के लिए...

सच और झूठ

कठिन है कठिन है कहना सच
जबकि झूठ को माँजा जा रहा है,
चमक रहा है अब वह सच की तरह
और सच जो कोने में कालिख पोते खड़ा है
असहाय बेचारा ऐसे में हमें इन्तज़ार है हमेशा
पाटा जाये झूठ हमेशा दफ़न कर दिया जाय।
किलकारियाँ भरे सच एक बच्चे की तरह आये और झूठ
जो कभी लाये भी न अपना अंकुर और मुरझा जाये
झूठ हमेशा अपना सिंहासन सजाने से पहले
सच को बाहर लाये

झूठ जो है, जो बताया गया,
जताया गया नाहक,
उससे दूर इन्तज़ार
कौन चमका यहाँ
क्या सच ही दमका यहाँ ?

ख़ुद को ख़ुश रहने के लिए पुरुष होना चाहती हूँ

ख़ुद को ख़ुश रखने की कोशिश में लगा हूँ
एक स्त्री हो कर कभी–कभी...
ऐसे ही वाक्य बोलती हूँ,
जैसे कि–
'मैं घर आ गया हूँ।'
'मैं खाना खाने जा रहा हूँ।'
'मैं नाराज़ हो जाऊँगा...'
और कर ही क्या सकती हूँ एक स्त्री हो कर
पुरुष वर्चस्व की छाया के सम्बोधन में ख़ुश रहने को आतुर
शासक मालिक मुखतार कहलाने को आतुर व्यग्र

मैंने कपड़े भी बदल लिए हैं
बाना में आना ज़रूरी है नाटक का
दृश्य सत्य दिखे इसकी ख़ातिर...

पहचानो

स्त्री हँसती नहीं,
स्त्री रोती नहीं,
स्त्री बोलती नहीं,
और इस पर जब कोई बोलता है–
बोलो तो कुछ हाँ या ना

स्त्री इतना ही बोलती है–
पहले स्त्री से बोलना सीखो...

पहचानो दिल्ली को...

—दिल्ली एक शहर है

जहाँ आग की लपटें तेज़ हैं।
भूखे भेड़ियों का राज है,
नेताओं का क्या अकाज है।

स्त्री प्रेम कर रही है,
भेड़िए घात कर रहे हैं,
नेता राज कर रहे हैं...

सिंहासन क्यों डोलेगा
कोई क्यों बोलेगा।

दिल्ली एक शहर है,
जहाँ आग की लपटें तेज़ हैं...
पहचानो दिल्ली को
जीना सीखो दिल्ली शहर में...

मैं

मैंने कभी किसी से फ्लर्ट नहीं किया
न मालूम मैं क्या थी
और क्यों क्या हूँ
लेकिन जब उसने मुझे घूर कर देखा
मेरे भीतर
एक दूसरी सोच पैदा हो गयी...
क्या वह मुझे
मुझसे ज़्यादा ठीक से ज़्यादा बेहतर जानता था?

विकल्प

सवाल ही जब बीमार हो गया
जवाब से पहले
तब कौन साथ देगा
ऐसे सवालों का जो उगे ही नहीं
पकी धरती पर अनवरत उत्तर
भीगी डर से देह
तब कौन शक्ति देगा
निडरता का पाठ
मन पढ़ाता है
आसुरी शक्तियाँ नहीं
विकल्प। जो प्रश्न को शुरू होने से
पहले ही ख़त्म कर देने का
गुन जानती हैं
जानना है प्रश्न और उत्तर तो
खाइयों को पाट कर डर की
बढ़ना होगा आगे
जब कोई सही नहीं
कोई ग़लत नहीं पूरा

विकल्प संयम के पास...
साथ
उदण्डो को सहज और
सहज को उदण्ड
कहने वाले समय में

सच कौन कहेगा
जो कहेगा
वह मारा जायेगा
जो मारने का विरोध करेगा
उसे धमकाया जायेगा
धमकाये गये लोग या तो
डर जाएँगे या सँभल जाएँगे
या डट जाएँगे
अपनी बात कह कर
रह कर अपने सच के साथ
भरम से उठ कर
सत्य की लाठी थामे
उजागर होगा
वितण्डा भले ही
कौन मानेगा सच
को सच सवाल यहाँ
बीमार हो चला है भले ही
जवाब से पहले
फिर भी उठाना होगा सवाल
अन्याय पर हमेशा...

मइया का दुलार और सीख?

मइया तुम जब भइया को खिलाती थीं दूध भात
आँखे मूँदे–मूँदे भइया खाता था
तुम पर कितना भरोसा था उसे
खिलाओगी सही ही मुझे भी...
देखो कि उसी सुबह घर के कामों का
ठिकरा–फुसला कर जड़ देती थी मेरे मत्थे
वह भी बड़ी होशियारी के साथ कि
अपने करें ते लक्ष्मी,
कहाँ करें ते अदमी
उहो न करे से प्रेत।

मइया मैं,
मैं प्रेत नहीं बनना चाहती थी मैं,
मैं होना चाहती थी लक्ष्मी,
चाहती थी सब मुझे याद करें ऐसे ही...

कपट खेल देखो मइया कि सबने सुना तुम्हारा
कहना कि आयेगी कोई शिकायत तुम्हारे घर से
तो ज़ुबान खींच लूँगी, बन्द कर दूँगी यह
दरवाज़ा भी।
मैं डर गयी थी
मुझे घर चाहिए था,
जहाँ कैसे भी खुला रहे कोई दरवाज़ा,
कैसे भी

और वे सब हैं कि अब–जब–तब तुम्हारा दिया डर
याद दिलाते हैं कि
अभी तुम्हारे बाप को बुलाते हैं,
बुलाते हैं भाई भी,
किससे,
किनसे कह देना चाहते हैं–लानत मलानत,
मैं फिर डर जाती हूँ
क्या होगा मेरा कहाँ जाऊँगी
इस दुनिया में मैं तुम्हारी...

शब्द

शब्द तुम मेरी माँ हो
उतर आओ मुझमें
मुझे सँभालने के लिए
तुमसे जुड़ कर दुनिया
को फतह करने की ताकत
आ जाती है मुझमें
जब नहीं देती हो साथ
भूल कर कभी
मैं टूटती हूँ अकेली
जैसे बाँध दिया
हो किसी
ने हाथ
खोलो खोलो खोलो
चीख़ती हूँ
तुम ही तो आती हो
सँभालने मुझ निहत्थी को
डूब कर तुम्हारे प्रेम में
मैं खिल उठती हूँ
शब्द शब्द अनायास ही
अनायास ही बन उठती है
कविता कोई प्रेम दुख
या अनाचार, व्यवहार... तुमसे दूर
शब्द तुम मेरी माँ हो
उतर आओ
मुझमें...चुपचाप...

धोखा

चाशनी में डूब कर
अपने ही अपनों की छाती
पर बुलडोजर चला देंगे
बेहिचक
अपनों के सीनों में उतार देंगे
पूरी की पूरी भरी
बन्दूक की गोलियाँ

कहते हैं सचमुच
वक़्त की नजाकत को देखना
आसान नहीं अभी न कभी...

अपनाप

अपनों से दूरी
सालती है मुझे,
दूर रह कर अपनापा
बनाये रखना फितरत है हमारी
पर बार–बार और कई बार जब
यह समझाया गया मुझे

अपनों की सुलझन में उलझन है
यह अपनापा
हम छोड़ देते हैं देते हैं
दखलन्दाज़ी

हम छोड़ देते हैं अपनापा
महज़ व्यावहारिक में धूल कर बिला
जाता है अपनापा...

सरकार

ख़बरों में ख़बर
सरकार की ख़बर
ये ख़बरें नहीं नादानी है
टीआरपी की मनमानी है
अम्मा तब बुलाती हैं
कहानी एक सुनाती हैं

मेरे लल्ला–लल्ली बैठो
सुनो कहानी वही पुरानी

खोटी बातें तुम मत करना
रोटी खाके चुप मत रहना
ग़लत बयानी छोड़ो लाल
वर्ना दुनिया होगी बेहाल
कौन बड़ी टीआरपी पाया

तुमको इसमें क्या पड़ना है
अपना काम सच को बतलाओ
दुनिया से तुम मुँह न चुराओ
टीआरपी के खेल में बच्चा
अपने को न तुम खपवाओ

आओ आओ लल्ला लल्ली
अपनी अपनी ख़ैर सुनाओ

जी उकता जाता है बच्चा
जब होता है सबकुछ गच्चा
बोलो बोलो मेरे बच्चा
सच ही बोलो मेरे लल्ला

दुनिया कहती तुमको झूठा
होती है तब मुझको कुण्ठा
दुनिया झूठी सब जग झूठा
तुम ही सच्चे मेरे बच्चा
बोलो बोलो बोलो सच्चा
टीआरपी को खेल न बच्चा

(2)

टीआरपी के खेल में
कूड़े के झमेल में
रात हुई अब घर को जाओ
सुबह खोटी ख़बरें ना सुनवाओ...

दाना पानी कैसे पाओ
यही तुम्हारी नीयत है कहती
बहती गंगा में ना नहाओ
खोटी ख़बरों में ना बह जाओ

टीआरपी वालो तुम घर जाओ
अम्मा तुम्हें बुलाती होगी।
खाना लेकर बैठी होगी

मेरे लल्ला–लल्ली बैठो
सुनो कहानी वही पुरानी

खोटी बातें तुम मत करना
रोटी खाके मत चुप रहना

ग़लत बयानी छोड़ो लाल
वर्ना दुनिया होगी बेहाल
कौन बड़ी टीआरपी पाया
तुमको इसमें क्या है पड़ना
अपना काम सच को बतलाओ
दुनिया से तुम मुँह न चुराओ
टीआरपी के खेल में बच्चा
अपने को न तुम खपवाओ
आओ आओ लल्ला लल्ली
अपनी अपनी ख़ैर सुनाओ
जी उकता जाता है बच्चा

जब होता है सबकुछ गच्चा
बोलो बोलो मेरे बच्चा
सच ही बोलो मेरे लल्ला
दुनिया कहती तुमको झूठा
होती है तब मुझको कुण्ठा
दुनिया झूठी सब जग झूठा
तुम ही सच्चे मेरे बच्चा
बोलो बोलो बोलो अच्छा
बोलो ना तुम झूठा कच्चा

मैं नहीं हारा...चाहे करो कितना भी पारा

इन्तज़ार भी एक सुन्दर सपना है
अपनी बारी का इन्तज़ार
मैंने धूल को बना दिया पहाड़
फिर पहाड़ को भी हिला दिया और
बना दिया कल कारखाने जो
रोटी में तब्दील हो गये
हो गया सबकुछ सपने सा सुन्दर...

इसी दिन के इन्तज़ार में हमने
कुछ के हाथों उनकी ज़मीन छीनी
कुछ के सपने ख़ुद बुनने को आतुर
जगह ज़मीन...हड़प–तड़प लिया मैंने सब कुछ
सज गया मेरा सपना अपना
सुफल हुआ इन्तज़ार भी अपना
सुफल हुआ मैं बन–ठन कर...
बेशर्मी से मैं नहीं हारा...
मैं राजा
मैं बादशाह तुम्हारा

धीरे–धीरे

धीरे–धीरे ही सबकुछ बदला है
ऐसा नहीं है कि एक दिन सोये
और अगले दिन भूख भारी हो गयी...
या परियों के सपनों सा महल खड़ा हो जाये
एक दिन!
घर देश शहर गाँव
ऐसे में
समझी या नासमझी
अपनी आँख बन्द किए हुए है
मजबूरी और भूख भी अजीब है
कटोरा लिए आदमी–औरत बच्चे भी अजीब हैं
यह समाज भी अजीब है! भूखा नंगा बेचारा हारा
अन्धे को लाचारा बाबा तेरा भला करेगा...
भले के नाम पर रोटी दे देने में जाता क्या है भला।
मेहनत के लिए लालायित हज़ारों जोड़ी हाथ कटोरे में तृप्त हैं,
मेहनत के लिए लालायित हज़ारों जोड़ी हाथ बन्दूकों में लिप्त हैं
भूख जबर है करना ही होगा कुछ न कुछ
कटोरा, बन्दूक, चाकू–छुरी या लात घूँसों
अपमान लाचारी सब में शामिल है भूख

भूख में लूटा–पिटा रात–दिन टकराता सच से
आँख चुराता
शामिल हुआ... मुँह अचानक एक दिन
फाँसी के फन्दे पर झूल गया और जाता बार–बार...

जब तब क्या फ़र्क़ पड़ता है रोटी न मिले मिले
फाँसी का फन्दा ही सही
मौत तो बहाना है आख़िर धीरे–धीरे
लाखों के मरने से अब क्या जाता है
खड़े हो रहे हैं कल कारखाने लाखों
माँएँ भी मशीनें पैदा करेंगी अब
वह दिन दूर नहीं बिल्कुल असम्भव
शिशु जीव नहीं जो खेले खाए अघाए टूट कर
लाड़ दुलार...प्यार अब
भय से तृप्त माँएँ उठाएँगी चाबुक बनाएँगी
कल कारखाने बच्चे
अफ़सर, अधिकारी कारखानों में
उगेगा अन्न बंजर जीव तुम
जाओ जाओ जाओ
पूँजीपति तुम
आओ आओ आओ
समय की माँग है यह ताकतवर समय
भूल गया है बेचारा हारा...
समय के आगे झुका हुआ...बेबस जीव
और
सेठों की चिन्ता भी अजीब है
भागो भागो भागो नाध दिया है
सच्चा जीवन मशीन अब
यह
कैसा अजीब समाज–समय लाचार
आम से आदमी उकताया
कटोरा बन्दूक चाकू छुरी लाचारी पर वारी...

हल्का है बहुत अपमान रोटी के आगे...
दुत्कार

समय
गढ़ रहा है यह भी सच धीरे–धीरे
अन्नदाता लाचार है
अन्नदाता को
मौत मौत मौत
यही आसान है धीरे–धीरे...

आरक्षण

खेत सूने पड़े
सालों से बंजर हो रहे हैं
उलझे हुए मिट्टी से बतियाते
मिट्टी की बात
जबकि आरक्षण कोई फूल नहीं है जो
खिल उठेगा बीज...

ख़त्म हो रहा देश पिछड़ा,
मक्कारी की छाँव में
बस अपने ही दाँव में
मद में डूबी सरकारें
और कुर्सी का मोह क्या न करवाये
मनुष्य में भेद
कौन डाले खाद पानी
बीज...
सभ्यता के इतिहास
में एकता का गीत कौन गाये मीत
सभी मनुष्य एक हैं
धरती पर
बोओ और खाओ
इतिहास छोड़
वर्तमान बनाओ
जो पीछे मुड़ कर देखते हैं
वे आगे नहीं बढ़ते

कोई एक काम हो सकता है
देखते रहना
या करते रहना
कर्म
न कोई रक्षण
न आरक्षण

पार उतरना

मैं अँधेरे की आँख हो गयी
विचार में डूबी आँखें देख रही थीं
पारदर्शी होकर सब कुछ साफ़–साफ़
सुबह भीड़ में फिर विचार अन्धे हो गये
तब मैंने जाना पुरुष का खेल
रौशनी का खेल पुरुष का मेल
मैं आँख खोल कर जाने कहाँ
कहाँ पहुँच गयी थी तब
जाने कितने रंग
जाने कितने चेहरे
जाने कितनी लोरियाँ
कितने ही घुटनों का
छिलना उगना घाव

फिर

दुपट्टा सँभालते
पार हो जाना जवानी का

उठा कर क़दम कनखियों से
सँभालते चलना
भाई के पास यार के साथ
कभी न दिखना
माँ की बीमारी और पिता की दवा

का हिसाब लगाना
अनाथ–सा फिरना कभी–कभी घर में

आँखों में सुन्दर सपनों का तैरना
सजा कर प्रेमी के साथ ख़ुद को
अँधेरे से आँख चुराना...
सही ग़लत का फ़ासला न
तय करना उन्हें सौंप देना पुरुष के हक में
अपनी मंज़िलों के पार
अँधेरे का रौशनी में विचार
मैंने सीख लिया था
तुमने तभी पूछा
मैं कौन हूँ
मैंने कहा
मैं अँधेरे की आँख हूँ
रतजगा करती
पहचानती ख़ुद को
कैसा–कौन सी कहाँ
कि मंज़िल बस
पार उतर जाना
आधार

आँख और शर्म

ज़िन्दगी से मिल कर
मैंने पूछा क्या चाहते हो
उसने कहा तुम्हारा साथ

मैंने भी पूछा
क्या बनना चाहते हो तुम मेरे
उसने कहा तुम्हारी आँख
बस
मैं साथ थी...खेल चल निकला था
ज़िन्दगी का
उसकी आँख बन
वह मेरा साथ बन
गुज़ार रहे थे जीवन साथ
आँख और धर्म का
बचे हुए शर्म का

जुलूस

अत्याचार अत्याचार
दउ के बहाने अत्याचार
गउ के बहाने अत्याचार
बाबा जी का झोला चार
मन्त्री जी का चोला यार
सफ़ेदी पर मलते व्यभिचार
खड़े खड़े सब देखे यार
अत्याचार अत्याचार

शुक्रिया

अच्छा हुआ जो
तुमने मेरे रास्तों पर
पत्थर रखा
वर्ना मैं ठोकर खाकर
सँभलती कब
ख़ुद की भूली हुई एक आवाज़
जो पत्थर से टकरा कर निकली थी आह
मैं सँभलती कब
काँटों से उलझती हुई बचती कब
पार मझदार
निकलती कब
विलग हो कर
सज गयी मैं डट कर,
तुम्हारे बोये हुए
पत्थरों का
शुक्रिया शुक्रिया शुक्रिया

विश्वास

मैंने अपने सिर पर
जो विश्वास की दीवार खड़ी की

वहाँ यही लिखा बार–बार
दुख बहुत छोटा है।
ख़ुशी बहुत बड़ी।

छोटा और बड़ी के फ़र्क़
को जीना ही सागर
बन जाना है एक दिन
बूँद–बूँद
जुड़ कर विश्वास

•

तटस्थ जीव

मोटा होना भी
एक कला है यह!
सबके बस की बात नहीं
तटस्थ की चमड़ी मोटी है
उसके खाल में हज़ारों युगों
के सुख संचित हैं,
वह अपने सिवाय किसी की सोच नहीं
सकता, खोल मोटी है उससे अधिक
मोटी खोपड़ी ज़्यादा

उससे भी ज़्यादा मोटे उसके इरादे हैं
वह उससे दूर नहीं जा सकता अपने को बोता,
रोपता, खलिहान लगाता...

जीव तटस्थ चुप्पे गुप्पे
घाघ दमड़ी रहे पाग
खेल रहे साध...
अपने में तटस्थ

इस बात से बेख़बर
मज़बूत और तटस्थ
के बीच का फ़ासला
बहुत–बहुत है मोटा...

जो हुआ अच्छा हुआ धर्म अधर्म

अच्छा हुआ अँधेरा हुआ
तो रौशनी हुई
अच्छा हुआ दुख हुआ
तो सुख हुआ
अच्छा हुआ माँ हुई
तो बच्चे हुए
अच्छा हुआ भाई हुआ
तो बहन हुई

अच्छा हुआ सफ़ेद हुआ
तो काला हुआ
अच्छा हुआ नफ़रत हुआ
तो प्रेम हुआ

अच्छा हुआ ईश्वर हुआ
तो भक्त हुए
अच्छा हुआ अशिक्षा हुई
तो शिक्षा हुई
अच्छा हुआ कोई सभ्य हुआ
अच्छा हुआ कोई असभ्य हुआ

अच्छा हुआ जो भूख हुई
अच्छा हुआ फिर रोटी हुई

अच्छा हुआ दीवार हुई
अच्छा हुआ फिर छत हुई

इस सबके बीच बहुत,
बहुत कुछ हुआ
सबने अपना कहा
सबने सपना कहा
बस अच्छा नहीं हुआ जो
धर्म हुआ
जहाँ अमनुष्यता का खेल हुआ
जाति रंग धर्म रंग का खेल
अविश्वास का खेल इस मर्म संग
फिर भी जो हुआ अच्छा हुआ...
कि यह प्रकृति हुई और अच्छा हुआ
कि सब खेल का सरदार मनुष्य हुआ
धर्म–अधर्म

रात एक जीवन युद्ध की तरह

कभी कभी रात भी हाँ
रात भी एक षड्यन्त्र
होती है कभी–कभी
जब अनगिनत भीड़
दबोच रही होती है
किसी को ख़त्म करने
के शोर में, खण्ड–खण्ड जीत
की चाह लिए चीख़ती
है वह जाग कर षड्यन्त्री
रात से भाग कर
ख़ुद से पीछा छुड़ाते हुए

सपने से उठ कर सच्चाई
तक आते–आते भोर रुक
जाती है यथा समय जब
वह सोचता है अब क्या करूँ!

आगे...पसीने से लथपथ
मोर्चे बन्दी की ताकीद
जब निकालता है वह अर्थ यही
कि अपना वहम है
जो घेरता है सपनें में अपने में
हम ख़ुद के दोस्त ख़ुद के
दुश्मन मन को रात बना कर...
भागे जागे जीवन युद्ध के लिए...

मानस और मानी के लिए

जिन्हें मैंने अबोध जाना
वही बड़े ज्ञानी निकले, जब जब
हमें लगा हम ख़त्म हुए या हो रहे हैं
वक़्त धीरे–धीरे निर्मूल्य ही तब
तब ये नन्हे हाथ कितने ज़रूरी हुए

यकबयक राह दिखाने के लिए नन्ही हथेली
आगे बढ़ाते हुए कहते पकड़ो मुझे
बढ़ो आगे...

अब या तब कौन कहता है
जीवन और जय देखने के लिए अनुभव
और हाथ बड़े होने ज़रूरी हैं। अभी क्या
अभी तो चलो जब बतायेंगे वे रूई के फाहे जैसी हथेलियों
के करतब जो मोह लेती है, मन की नीरसता, शत्रुता,

जब मरने की योजना को भूल कर ज़िन्दगी में लौट
आओगी चुपचाप दबे पाँव कि ज़िन्दगी यहीं हैं

कौन हैं ये अबोध–ज्ञानी हमारे भीतर
रचते भविष्य एक सुन्दर सपना अपना
देते ज्ञान क्रूरता से दूर है जीवन विस्तार

अस्तित्व

अभी मैंने प्रतीक्षाओं में
समेट लिया है ख़ुद को
आना है सुन्दर समय मेरे हाथों भी
अस्तित्व

जैसे सूर्य प्रतीक्षित है चन्द्रमा के बाद,
अपने वक़्त पर तारे
मैंने नदियों की धारा
से सीखा है प्रतीक्षारत समय का
आविष्कार होने दो, होने दो
आयेगी धार टूट कर जो तुमसे मिलेगी
इस तरह, इस तरह
मैं खण्ड़ित होकर
बार–बार जुड़ती हूँ,
यही मेरा विखण्डन है जो
मुझे ख़त्म होने से रोकता है,
देता है जीवन विस्तार

देखो मैं कैसे रचती हूँ ख़ुद को
हक अदा करती हूँ बार–बार पहाड़ों से,
नदियों से पेड़ों से लेती हूँ शीतल छाया
जीवन की रही सही माया फिर ख़ुद से, पूछती हूँ
तुम्हारे बिना, तुम्हारे साथ रहना सबसे विलग होना है
यह सही नहीं है इच्छा जीवन विस्तार की

शायद तुमने ही सजाये हों
मेरी आँखों में सुन्दर सपने
उन्हें पूरा होने दो बोने दो अस्तित्व

अब वहाँ मेरा ध्यान ही नहीं जाता
उस ओर जहाँ रेत है
मेरा ध्यान वहाँ है
जहाँ खेत है खाली
अस्तित्व के इन्तज़ार में...
जीवन के विस्तार में पूरा का पूरा

जीवन यही तो है नामालूम सा

मेरे पास हाथ है
मेरे लोग यह नहीं भूलते
न भूलने की कोशिश करते हैं
न स्वाँग रचते हैं। पंचकर्म–रोटी, झाड़ू बुहारू
पछीटते हुए कपड़े और दिन, साज–सज्जा, कविता
करते हुए, अपने पाँच उँगलियों सहित हाथ को
गौर से दखती हूँ कि
हाथ में पाँच उँगलियाँ हैं
कभी–कभी छह भी होती हैं ये
ख़ैर जो होता है सो होता है
कभी–कभी, अभी मुझे पाँच पर ही
तय करना है अपना नियम

मैं पाँच बार धरती पर डोलती हूँ
निडर।
मैं पाँच बार नहाती हूँ नदी में समा कर
इस बात से बेख़बर काली छाया भी
मुझमें घुल सकती है खुल सकती है अविश्वास काया

मैं पाँच बार साबुनाती हूँ ख़ुद को पवित्रता
के ढोंग से खण्ड़ खण्ड साफ़ तो हुई मैं,
पाँच बार देह पोंछती हूँ,
पाँच बार कपड़े पहनती हूँ,
पाँच बार दूध लेने जाती हूँ,

पाँच बार सब्ज़ी लेने जाती हूँ,
पाँच बार फुटकर सामान लेने जाती हूँ,
पाँच बार नाश्ता बनाती हूँ,
पाँच बार खाना बनाती हूँ,
पाँच बार सबको खाना खिलाती हूँ,
पाँच बार गाते हुए डोलती हूँ सब कुछ
बस घर घर घर बस जीवन है
घर घर घर मैं वन वन वन

इस तरह गाते हुए नन्ही हथेलियों को चूमती हूँ
गाते हुए धरती का गीत

पाँच बार मेज़ साफ़ करती हूँ,
पाँच बार बच्चों का बचा खुचा खाना खाती हूँ,
पाँच बार उनके नन्हे हाथों में बचे काम जाँचती हूँ,
भविष्य को देती विस्तार नया नया उनका...

बाँच बार कपड़े स्त्री करती हूँ इस तरह,
पाँच बार सबको दुआ और आशीष देती हूँ,
पाँच बार गृहस्थी सजाती हूँ,

कोई एक बार नहीं बोलता शुक्रिया
मैं अगले दिन फिर तैयार हूँ
पंचचक्र में बस कर गृहस्थी में नध कर

फिर मैं पाँच बार घर का हिसाब लिखती हूँ
जीवन एक कविता और कहानी...

एक बार कोई नहीं कहता कुछ खा लो
एक बार कोई नहीं कहता ख़ुद के लिए गा लो
जीवन गीत इस गृहस्थी से दूर भी थोड़ा...थोड़ा सो लो
जाग लो थोड़ा ख़ुद के लिए कर लो हिसाब जीवन

एक सुन्दर कविता कर लो कहानी
इस तरह जीवन एक कविता और कहानी...
इस तरह मैं पाँच बार बैंक जाती हूँ
गृहस्थी के हिसाब और किताब को बताने सत्य
गृहस्थी का वास्तव में सबूत...

एक बार कोई नहीं पूछता तुम ठीक तो हो

मैं ख़ुश हूँ पाँच के हिसाब में लगी हुई
सब ख़ुश मेरे पाँच के हिसाब में लीन
मेरे इस तरह लगे होने में
उनका कुछ न खोने में
माँ के कहे पर सब कुछ करती हूँ कल
जीवित हूँ इस विश्वास में
और जाती कहाँ है राह आख़िर
कल एक सुन्दर सपना पंचतत्त्व
में लीन होती हूँ एक दिन ख़ास
जैसे आयी थी जीवन विश्वास लेकर
अपनों को देकर भरोसा जीवन यही तो है...

जुड़ाव

अभी मैं सो रही हूँ
यह कविता लिखते हुए कि
अन्न के लिए नहीं
जल के लिए नहीं
नन्ही हथेलियों को सहलाने
के लिए नहीं बल्कि
दुश्मनों ने कितना तारा मुझे
उन्हें तारने के लिए नहीं
बल्कि धता बताने के लिए निरर्थक सुख...
और ताकत जुटाने के लिए

जुड़ने के लिए जीवन

लिख रही हूँ
सोते हुए जागते हुए कविता,

ना ना ना मैं अब तमाम ढकोसलों से
उकता गयी हूँ...
मुझे अब कविता में ही
हँसने दो... रोने दो मुझे ज़रा...
यहाँ यही है जुड़ाव ख़ुद से

समझ

साँप जब तृप्त हो गया एक दिन
उसने पूछा क्यों देती हो दूध मुझे
क्यों सेती हो अंडे मेरे. मैं क्या करती
कुछ सूझा नहीं ऐसे में औचक...

मैंने गाँधी के तीन बन्दर का रूप लिया
एक साथ, एक साथ जो समय की माँग थी
वह किया गिरहबान को साँप से विलगा कर
यही उस समय की भी माँग थी

अब वह मक्खियाँ निगल रहा था
मैं देख रही थी उसकी
स्वार्थ की सिद्धि और साँप से
बचने की जुगत...

इन्तज़ार

इस लोक में

सम्बन्धों के अँधेरे में जब–जब पड़ी मैं
तब–तब उजाले के लिए साधी चुप्पी

अँधेरा हटाने के लिए...उजाले को पाने के लिए

फूल जब–जब मुरझाये मैंने पानी दिया
उसे प्यार, क्या वे खिल गये फूल कर
ख़ुश–ख़ुश गुप्पा इस तरह जब–जब
मुश्किलों ने घेरा बिना हल निकले

मैंने पत्थरों से बात की
वे सुन रहे थे...हल...
मेरा कर्म इन्तज़ार...

अब मैं

धरा हूँ
पेड़ हूँ

हरा हूँ
जिसे चाहूँ दूँ फल–
फूल हूँ जिसे दूँ ख़ुशबू,

अन्न हूँ जिसे चाहूँ दूँ तृप्ति
रोना त्याग कर,
पानी अपनी आँखों में बाँध कर।
यह वह पानी नहीं जिसकी परिभाषा
तुम्हारे पास है कुलबोरनी नदी

यह नदी है गंगा जो रोयी मेरे साथ
यमुना भी
यह वह पानी है जिसमें मैं जीती हूँ
अपने अस्तित्व में
अब मैं

व्यवस्था

अमरूद नहीं हूँ कि
खा ले कोई जब मन करे तब
बेवजह–बेमौसम
अगर ग़लती से यह हो भी तब
कुर्सी पर बैठे मन्त्री जी
खड़े हुए सन्त्री जी,
चौके में बैठी अम्मा जी
सड़कों पर घूमते भाई जी
नफ़रत और प्रेम के पसोपेश का
झोला लिए मुझसे मोर्चा लिए पिता जी
को दुनिया के हर रिश्ते को
देना होगा जवाब
इस अपच अकुलीन व्यवस्था से
व्यवस्था की बैसाखी जोड़ने के लिए
जहाँ स्त्री रह सके गह सके इत्मिनान...

कमज़ोर नहीं प्रकृति वह तो मनुष्य है

मनुष्य की तरह
फूल भी कमज़ोर थे
छुए जाने से मुरझा जाना,
शब्द की तरह अर्थ भी कमज़ोर थे
जहाँ लिखे जाने पर कलम की स्याही सूख जाती थी,
क्या लिखा जाना क्या छोड़ा जाना अकारथ
और मौजूद–तथ्यों में कोई सुलझाव नहीं था विचार वहाँ
जहाँ हर दिन हर रात की तरह गाये जाते थे

रोवनवा पाख की तरह चलती थी
कविता पीली आँखों से निकली पीली कविता
कौन पढ़े, कौन गढ़े उनका सत्य
जो रचते हैं...क्या वे वही बसते हैं कमज़ोर लोग
जिन्हें कमज़ोरों से बदला लेने का हुनर आता है
और अपनी करनी को शहद की तरह कोमल
बाती में पूर कर रखना आता है
क्या वे शब्द को बरतने के योद्धा थे?

उगें उनके शब्द कोमल विचार यकबयक
अघा कर बेहयाई से लाचार कमज़ोर
लेखक खड़ा था बड़ा बन। भावनाओं का
दोहन जहाँ ज़रूरी था
कमज़ोर पड़ते मन पर वहीं वार किया

धार किया विचार तुच्छ अनर्गल प्रलाप
लेकिन...
मनुष्य की तरह पेड़ कमज़ोर नहीं थे
वे देते थे जड़ से जुड़ कर अपनी खेती।
दो मुँही बात नहीं, घात नहीं, नाही कमज़ोर कविता

पहचान

आदमी ख़ुद को नहीं
पहचान पाता अपना किया भी
यह काम जानवरों का है उन्हें
पहचानना
तभी खोजी कुत्ते लगाये जाते
हैं मनुष्य की पहचान के लिए
घरों में और वक़्त आने पर सरकार द्वारा
कठिन है मनुष्य की पहचान मनुष्य द्वारा
नामुमकिन...
व्यवस्था के पक्ष और विपक्ष में...

स्त्रियाँ

स्त्रियाँ घरों में रह कर बदल रही हैं
पदवियाँ पीढ़ी दर पीढ़ी
स्त्रियाँ गढ़ रही हैं गुरु
अपने दो–चार बुझे–अनबुझे शब्दों से
दे रही हैं ढाढस, तमाम घरों के लिए
बन कर ढाल खा रही हैं मार सदियों से
सह रही हैं हर किसी का मान–अपमान
घर और बाहर सब जगह।

फिर भी कठकरेजी
स्त्रियाँ बढ़ा रही हैं
मर्यादा कुल की ख़ुद की मर्यादा खोकर।

आगे निकलना तो दूर
ज़िन्दगी की भागमभाग में बराबरी तक के लिए
घिसटते हुए दौड़ रही हैं पीछे–पीछे
सँभालती हुई गर्भ को
और उनको सँभालने के लिए
कोई रुक नहीं रहा
फिलहाल

भाई की फ़ोटो

मेरे पास एक फ़ोटो है
मेरे बचपन की पहचान
जब तक रही मैं माँ के साथ
वह अकसर दिखाती मुझे फ़ोटो
कहती–वह तुम हो और यह गुड्डू
तुम्हारा भाई जो नहीं रहा अब,
अब माँ अक्सर और जब–तब रोती
इस फ़ोटो को देखकर
जबकि फ़ोटो में हम भाई–बहन
हँसते थे बेहिसाब,

हालाँकि भाई के साथ होने या हँसने की
मुझे कोई याद नहीं है।

यह फ़ोटो मैं ले आयी मायके से ससुराल
छिपा कर सबसे पहले रखा मैंने इसे किसी–किसी
तरह अपने बक्से में
जब घर के लोग मुझे लेकर भावुक होकर रो–रो
पड़ते थे।
बाद में माँ ने मुझसे पूछा कि
वह गुड्डू वाली फ़ोटो क्या तुम्हारे पास है?
यहाँ मिल नहीं रही है।

मैं चुप रही
फिर बोली
नहीं है वह फ़ोटो मेरे पास।

माँ ढूँढ़ती है
अब भी घर का एक–एक सन्दूक और एलबम
पर वह फ़ोटो नहीं मिलती उसे

चलो तो खुली हवा में!

चलो कहीं घूम आयें, कहीं
कहीं नहीं तो यहीं–
चाय की दुकान तक,
चलो कहीं घूम आयें कहीं, कहीं नहीं तो
वहीं पंसारी की दुकान तक
और कहीं नहीं तो
अपने मन तक, पर चलो
चलो कहीं घूम आयें बाहर
पूछ लें मन से
पूछ लें तन से
बोल दो कि
चलो गुन आये
अपने पराये
बेगाने जाने अनजाने
चलने पर ही
चलता है जीवन
चलो...
मुँह पर ताला मार
बवेला सौंप दें
मौत के पंसारी को
जब आऊँगी तुम्हें सौंपने अपना मौन
ले लेना बिना ना नुकुर के
मेरा मन और तन सब कुछ...
पर अभी, अभी चलो चलो चलो

कहीं घूम आयें दुनिया
जहान तक फीके पकवान तक
ढेरों अरमान तक
जी ऊबता है कभी–कभी
घर में जैसे बन में

उड़ान की हवा भरो मुझमें...
क़ैद की निरीह परिभाषा से दूर...
चलो चलो चलो साथी चलो...

तुम

तुम
अभी अभी आयी हैं
तुम्हारी आवाज़
अभी–अभी मैं अचकचा कर पूछ
रही हूँ, किसी ने बुलाया क्या,
क्या? नहीं तो। शब्द उधार
लेना पड़ा यह कहने के लिए बार–बारा।
और याद। मत पूछो। किससे किससे कहूँ कि चाँद,
सूरज, धरती आकाश फिर तुम

तुम्हारी आवाज़ें बार–बार
कहती हैं तुम मेरे हो

मेरी हिम्मत पस्ती से डट कर कहती है
जाने कौन हो तुम धरा पर

हम लगे माला जपने
तुम तुम तुम मेरे अपने
भीड़ में तुम
अपनों में तुम
उत्सव में तुम
मातम में तुम...
जीवन डोर में तुम
हर ओर छोर में तुम
याद में तुम हर बात में तुम

माँ

मेरी माँ से
मेरी भेंट होती है
रोज़–रोज़
जब बेटी कहती है
माँ होना सहज नहीं
सृष्टि में अकेले...

मैं

मैं ही श्याम, बासन्ती
पीत, हरित
मैं ही जोगन
मैं ही रोगन
ख़ुद ही टोनहिन
ख़ुद ही झारन
मैं ही जोगन
मैं ही जोगन
गंगा मैं ही
जमुना मैं ही
मैं ही रीत कुरीति
मुझसे है दुनिया की
तकली सूत बनाती बढ़ती...
मैं ही वो अकेली हूँ बाबा
दुनिया जिससे बढ़ती
चढ़ती रोज़ नया इतिहास
रचती जग में अपना नाम
मैं मैं बन इठलाती

संघर्ष

संघर्ष एक सुख है जीवित
तमाम मृत सुखों से बड़ा भरपूर
अब हे सुख सुनो
तुम मुझे बाँध रहे हो...
सुनो मन तुम भी सुनो
कि
मैं सुख से दूर भागना चाहती हूँ
फिर भी वह कहता है–
वह कहता है
दिया तो तुम्हें
अलमारी भर कपड़े–
बैंक भर पैसा–
क्या चाहिए...

मैं सुख से कहती हूँ कि
जब मैं चली थी तुम्हारे साथ
सबके लिए अपने लिए सृष्टि को गहने
तब सुनो मन यह था क्या विचार
मिलन का आधार?

कि कब मैंने दी तुम्हें यह लिस्ट...

और ठठा कर हँसती रही कि
करूँ भी क्या

इसके सिवाय कोई रास्ता भी नहीं बचता
बरबस और बार–बार क्या समझाऊँ...

सुख के और कारन जाने थे मैंने
बुद्धि सभ्य मनुष्य की
कर्म सन्तुष्टि मर्म की अब
क्या कहूँ
समझ नहीं पा रही हूँ कि हे सुख
तब मैं ग़लत थी
या अब मैं ग़लत हूँ...

चक्रव्यूह

कोई भी सोच मुझे,
मुझे शान्ति नहीं देती।
मन है कि सारे चक्रयूव्ह तोड़ कर
भाग जाना चाहता है न जाने कहाँ
पर कहाँ?
ओ तथाकथित मनुष्यवादियों
मुझे माफ़ करना अपने इस बयान पर
बिना सवाल के, वैसे भी
बहुत सारे सवाल हैं तुम्हारे, बहुत से
सवालों की लड़ियाँ न टूटीं तो कहीं न कहीं
भाग कर ख़त्म करने होंगे सवालों के गुच्छे,
गुच्छों से मुक्ति...

शातिर खेल
मनमानी चाल
मनमानी दाँव
अब हँसूँ या रोऊँ कि
माफ़ करना मुझे बन्धन के
टूटने पर...कोई
छोर मैं थाम लूँगी धरती का
जो मेरी ही है बिना
एहसान के...
सिर्फ़ मेरी

तलाश

भावुक पलों की तलाश पूरी कर,
बातों की पुड़िया नचा के फेंकता था ऐसे जैसे
फेंकते हैं बच्चे गेंद कि
अब ढूँढ़ो मैंने तो फेंक दिया बस। ऐसे ढूँढ में
कई–कई दिन बीते बिना नतीजे
बीतते गये और बीतते गये कई–कई साल
पर बात की थाह न मिली
बस वह फेंक दी गयी थी
बेचैन करने के लिए भावुक
पलों की तलाश के लिए...

आज अभी

मैं ट्रेन में होती
जबकि मैं बुख़ार में हूँ
जुकाम में हूँ
कल किसी के साक्षात्कार में होती
वह अ ब स द कोई भी हो सकता था

परसों शायद किसी के प्यार में।
प्यार में पड़ कर हो सकता था
मेरी ट्रेन छूट जाती?
पर आज बुख़ार मुझे छूता हुआ गुज़रा है
तेज़ी से और मैंने यात्रा स्थगित कर दी है
इस उम्मीद पर कि
ट्रेनें रहेंगी,
लोग रहेंगे
प्यार रहेगा,
संसार रहेगा...

गवाही

हर बार, हर बार नहीं
लिख पाती मेरी कलम–एक सुन्दर कविता।
हर बार नहीं गा सकता गायक भी सधे हुए ढंग से
सधा हुआ गीत।
हर बार माँ नहीं जनम सकती–सुन्दर
और सुन्दर बच्चा।
हर बार खेत नहीं दे सकते–लहलहाते–खलिहान।
अब जो किया सो दिया–लिखा मैंने अपना।
अब आपको महोदय
जो कहना हो कहें हो बेपरवाह।
मैं आपके सामने हूँ–
सुधार के लिए,
ग़लती के लिए,
क्षमा के लिए,
विस्तार और सुधार के लिए...

मन

मन बहुत खिन्न है।
बैठी हूँ–समभाव में रहने को आतुर...
यह जो होल्डर में कलम रखी है
उठा नहीं रही हूँ कि जाने क्या लिख दूँ
ऊलजलूल या कुछ सत्य भी
जबकि वह देख रही है मुझे निरीह...
मैं उसकी तरफ़ से मुँह फ़ेर रही हूँ...
हो सकता है ग़ुस्से में खाली–गाली लिख दूँ
सो चुप हूँ अधीर होकर भी...

वहाँ धरती के किसी छोर पर
यातनाओं के शिविर में रो रही हैं स्त्रियाँ।
घरों में भूखे सो रहे हैं लोग,
सबसे अनजान बन चुप हूँ मैं।
कलम देख रही है मेरा मन चुपचाप...

उठाऊँगी तो हो सकता है रो पड़ूँ
मैं रोना नहीं चाहती व्यवस्था से
खिन्न भले हूँ निरीह कलम के साथ
थामे अपना विश्वास मौन ही मुखर है...

बलात्कार

सरकार क्या जाने
इरोम–शिरोम,
मनोरमा–शनोरमा,
आरती–सारती?
वह बलात्कारियों के रसूख़ को
ख़ारिज नहीं कर सकती
नहीं उठा सकती

ऊँचे घरानों के बलात्कारियों के ख़िलाफ़
अपनी कलम, अपनी कलम से उनके ख़िलफ़
मुकम्मल सजा नहीं लिख सकती, नहीं लिख सकती
बिना जुगाड़ और कानून की तह तक जाकर
सीधे–सीधे देखी गयी कथा पर,
व्यथा पर...नहीं लिख सकती सजा...
...वह यह ज़रूर लिख सकती है,
दोष स्त्री का था समय के ख़िलाफ़ जाकर...

बिन घरनी घर भूत का डेरा

हज़ारों ग्रहों में
यह धरती बहुत छोटी–सी है,
हज़ारों घरों में
बहुत छोटा है
तुम्हारा घर...।

तुम्हारा छोटा–सा घर था,
ढेर सारे छोटे–छोटे सामानों से भरा।
फिर भी तुम्हारा मन नहीं
लगता था उससे...
तुमने अपने मनोरथ के लिए,
लिया मेरा साथ,

क्योंकि
बिना घरनी के तुम्हारा घर था
भूत का डेरा...।

करना लिखना कविता

कविता लिखना पण्डिताई करना नहीं है
कि चल पड़े पोथी–पतरा लिए,
बाँच आये धूमधाम...फड़ाम...कड़ाम
स्वाहा किया...गठरी बाँधी चलता बने
काम....वहाँ विचार होते हैं पोथी से
कर्मकाण्डों से दूर बहुत दूर
करना लिखना कविता...

संन्यासिनी और सारथी

मैं न संन्यासिनी हूँ
न मैं डरपोक स्त्री हूँ

प्रेम में भला डरता कौन है
मैं आयी हूँ दुनिया के ख़त्म होने से
पहले करने तुमसे प्यार

क्या पता यह मेरे जीवन
का आख़िरी दिन हो
न कर पाऊँ सृष्टि के विदा
होने के पहले प्यार
सब कुछ तहस–नहस हो
उससे पहले जी ले प्यार
एक विश्वास आओ मेरे साथी!
जानती हूँ तुम भी नहीं हो तृप्त
चलो रख लेती हूँ तुम्हारे नाम
एक पाती

नाम एक साथी, प्रेम
मेरे जीवन का सारथी

कुण्ठा रहित

कुण्ठित हो जाता है मन
सब कुछ इधर–उधर–
अहड़–बहड़ छोटी सोच अनायास
आकर घेरती है

कहता है मन–
मुझे रहने दो
गहने तो खुला आकाश...

कविता मेरी

कविता मेरी बेटी है।
जानती हूँ मैं फिर भी
उसे उकता कर ऐसे
प्यार करती हूँ कि हो
जाती है वह भी हड़बड़ी

मैं भी होती हूँ इसे लेकर कभी या छोड़ कर
अनायास दूसरे कामों में अटी
जबकि कुलबुलाती है मेरे भीतर मेरी कविता
चूल्हे की आँच पर सेंकती हैं रोटियाँ दुरुस्त
और उतरती है कविता बेस्वाद...
ऐसे में अक्सर उकता कर
इसे मैं भूल जाती हूँ महीनों, सालों, हफ़्तों
क्या कविता ऐसे बनती है प्यारी, न्यारी
उजियारी कोई कविता..
अब क्या करूँ ऐसी हूँ मैं माँ उसकी नादान
बेटी को लेकर, जाने क्या हो इसका
कुछ पता नहीं विचार!

कमज़ोर कविता

कमज़ोर पड़ जाता है जब कवि
तब कमज़ोर पड़ जाती है कविता
इसी कमज़ोरी ने दुनिया के सामने
आने से डराया भीतर छुपाया,
धीरे–धीरे निडर होने का अर्थ समझाया
और हाज़िर हुई सामने वह भी नत मस्तक
जैसे चाहें स्वीकारें मेरा होना हजूर, मेरे माई–बाप
पाठक, सम्पादक, मेरे बच्चे मेरे–बड़े, मैं, मेरे लोग तुम...

मैंने शब्द को भरोसे में लिया

मैंने शब्दों को भरोसे में लिया
अर्थों को विस्तार दिया...
इस तरह जब देखा जाना कि...
सचमुच हरि मारता है, पीटता अपनी
पत्नी और बेटियों को?!
क्यों कोहराम मचा रहता है उसके घर आये दिन?
क्यों आये दिन सट कर खड़ी होती है भीड़
उसकी खिड़कियों औ दरवाज़ों से?!
क्या कमी है हरि के घर, क्यों होता है ऐसा।

जब लोग खुसफुसाने लगे तब!
तब मैंने भी कान दिया अपना
भीड़ से उकता कर एक दिन
सत्य की परीक्षा अपने ही कानों से...
कहे पर नहीं आना किसी के
बिना अपने शब्द को भरोसे में लेकर...
मैंने पाया सचमुच क्यों हो जाता है कमज़ोर आदमी?
क्यों हो जाती है इसे रचने में कमज़ोर कविता—यथार्थ?
यथार्थ से कतराता समाज नहीं सुनना चाहता—सच
आख़िर क्यों?
समय समाज समर्थ को पूजता बढ़ता है आगे।
कमज़ोर कविता कमज़ोर कड़ी बन कर ख़त्म होती है
दुनिया स्त्री की अक्सर...

❑❑